목소리

이진주 시집

실천

목소리
실천 서정시선 098

초판 1쇄 인쇄 | 2024년 10월 8일
초판 1쇄 발행 | 2024년 10월 16일

지　은　이 | 이진주
발　행　인 | 이어산
기 획 · 제 작 | 이어산
발　행　처 | 도서출판 실천
등 록 번 호 | 서울 종로 바00196호 　　등 록 일 자 | 2018년 7월 13일
　　　　　　| 진주 제2021-000009호　　　　　　　| 2021년 3월 19일
서울사무실 | 서울특별시 종로구 율곡로6길 36
　　　　　　02)766-4580, 010-6687-4580
본사사무실 | 경남 진주시 동부로 169번길 12, 윙스타워지식산업센터 A동 705호
　　　　　　055)763-2245, 010-3945-2245　팩스 055)762-0124
편 집 · 인 쇄 | 도서출판 실천
디자인실장 | 이예운　　디자인팀 | 변선희, 김승현, 김현정

ISBN 979-11-92374-60-4
값 12,000원

* 이 책은 전부 또는 일부 내용을 재사용하려면 저작권자와 '도서출판 실천'의 동의를 받아야 합니다.
* 이 책의 국립중앙도서관 출판예정도서목록(CIP)은 서지정보유통지원시스템(http://seoji.nl.go.kr)과 국가자료종합목록시스템(http://www.nl.go.kr/kolisnet)에서 이용하실 수 있습니다.
* 잘못된 책은 교환해드립니다

경남문화예술진흥원
GYEONGNAM CULTURE AND ARTS FOUNDATION

본 도서는 경남문화예술진흥원의 문화예술지원금을 보조받아 발간했습니다.

목소리

이진주 시집

■ 시인의 말

돌부리에 넘어지고
폭풍우에 쓰러지고 젖으며 달려왔다.
숨찬 가슴 쓸며
돌아서서 바라본 길

놓쳐버린 순간들이 수런거리며 모여 있었다.

스쳐 간 시간이 날려주는 메아리
들려요.
까슬한 수염으로 속삭이는 아버지 목소리

수고했어.
…………….

                                     _ 2024년 10월
                                        이진주

■ 차례

1부

사랑 혹은 슬픔	13
수채화	14
고마리꽃	15
소문	16
섬	17
목소리	18
대칭	19
재건다방	20
자귀나무	21
배롱나무	22
이명	23
빗살무늬 꽃	25
나를 자르다	27
폐지	28
개꿈	29
열섬	30

2부

분기점	35
생각	37
디저트	38
별 하나	40
각티슈	42
라일락 의자	43
설조	45
슬픈 각도	46
눈물방울	48
온천	50
아지랑이	52
아단소니	53
허공 도시	55
만월	57
파도	59
성자들	60

3부

포구	65
질주	66
황소	67
여행	69
길	71
황사	72
시	73
습지	74
다람쥐	76
무더위	78
이미지	79
꽃밥	81
헌옷	83
친구	85
염낭거미	86

4부

떠나간다　91
지팡이　92
아들　94
미꾸라지　95
귀가　96
어깨　98
고택 단상　100
점안　101
축복　103
너의 잠　105
샤우팅　107
끈　109
경계　111
그녀는 고수다　112
산 37번지　114
꽃다발　116
시집해설　118

1부

사랑 혹은 슬픔

꽃마저 떨어져 나간 모서리

수채화

비바람이 분다. 버드나무 한바탕 머리채를 흔든다. 휘모리장단이 수면을 두드린다. 부서진 안개가 강변을 걷는 사람들 갉아먹는다. 수몰된 것들은 어둠에 갇혀 말이 없다. 후끈한 바람에 버드나무 실신할 정도다. 바람이 분다. 사내 하나 사라지고 다음 사내 사라진다. 머리칼은 수면 아래로 가라앉는다. 오래 참았던 내 호흡은 거칠고 장단은 더 빨라졌다.

안개가
종족을 베어먹는 풍경마저 비릿하다.

고마리꽃

지붕 낮은 집들이 모여 있는 동네

달빛처럼 눈썹에 거미줄 달라붙고
알전구는 이유 없이 아슬아슬하다.

먼저 떠난 이를 위해 작은 창을 열어두고 잠든 집 있다. 무허가 주택엔 꿈도 휘어져 복원력이 필요한 듯 끊임없이 널빤지 소리 들린다. 그렇지만 아무도 희망을 뭉개지 못한다. 해가 뜨면 뒤꿈치를 살짝 들고 산을 오르는 사람들, 마천루보다 더 아름답다. 쪽방에 살아도 누울 곳이 있어 행복하다고, 붉은 모자를 쓴 성자들이 낡은 평상에 모였다. 서로를 바라보는 이웃들, 멀리 어디선가 성당의 종소리 들려온다. 또 누군가 비좁은 골목을 벗겨내는가 보다.

제일 먼저 눈 뜨는 이곳은
별을 닮은 사람들이 사는 동네
고마리꽃이 옹기종기 모여 한 생을 건너는 중이다.

소문

차가운 손을 너에게 내밀었다. 참았던 분노를 던졌다. 너의 기분 같은 건 생각하지 않기로 했다. 해파리가 피서객을 쏘았다는 뉴스가 들린다. 양식장 어패류는 수산시장을 구경도 못 한 채 매달려 있다. 여름은 조용히 영토를 넓혀가고 있다. 빙하가 덩어리째 떨어진다는 소문을 들었다. 펭귄은 계약서도 없이 영토를 팔고 있는 걸까. 불덩이가 되어 돌아온 나를 너는 거부 없이 받아들인다. 나의 빙하에 몸을 맡긴다. 가끔은 에어컨 속 크레바스가 나타나 손발이 오그라들기도 한다. 심호흡을 뱉어내면서 너에게 나를 맡긴다. 뜨거운 손을 내민다. 나에게 너를 당긴다. 너의 차가운 가슴을 사랑하기로 했다.

섬

파도가 거리로 밀고 들어온다 박물관이 잠기고 빌딩이 잠기고, 해일은 고향 집 마당까지 치고 들어온다 도시가 얼고 있다 입이 얼어붙는 사람들 유빙을 입에 물고, 눈빛은 얼음조각처럼 빙글빙글 돈다

비말을 숨기고 섬이 된 사람

도시는 바이러스에 잠기고 고향 마당도 잠기고 불쑥불쑥 섬이 솟는다 해일에 덮인 도시를 바라본다 파도를 밀어내며 바다 한가운데 우뚝 선 국밥집이란 섬으로 갔다 나는 체온을 재고 뜨거운 국물로 봉인된 몸을 푼다 이미, 국밥 한 그릇에 나는 저당 잡혀 있다

이건 나만 아는 비밀

섬을 바라보다 나도 섬이 되는

목소리

두루마기 벗어 내 목에 감싸 주시던 겨울 밤길 목덜미까지 뜨끈했지요. 나를 부르면 못 들은 척 등만 끌어안았어요. 수다쟁이 달은 우릴 따라다녔어요. 돌부리 걸리는 자갈길을 묵묵 걷기만 했어요. 붉은 연지 찍은 앞산이 참꽃 한 아름 안겨 주었지요. 봄눈이 쌀알처럼 온 마을을 휘돌던 날 꽃상여 갈아입은 아버지. 감싸던 두루마기가 만장으로 울었습니다. 다정히 부르던 목소리 들리는 듯합니다. 내 목덜미가 시려옵니다.

대칭

모자를 벗었다

눈발처럼 내리는
머리카락 몇 올

거울 속엔
낯선 소녀가
바라보고 있다

재건다방

꿈을 주체하지 못한 시간이었네.

항구의 꼭짓점, 재건다방은 우리를 기다렸지. 개똥철학을 뒤적이고 누구의 연애사로 긴 시간 정박을 했네. 붉은 입술 마담이 눈총을 쏘아대도, 새마을 노래 울려 퍼졌고 항구는 출렁거렸네. 대양호가 뒤집혀 형제의 비보가 담배 연기 속으로 마구 날아다녔지.

그녀는 뜨거운 바다였네. 별자리를 자맥질하던

유성우가 내릴 때 하얀 파도 앞에서 재즈처럼 흐느끼던 친구. 시간의 매듭을 푸느라 퉁퉁 부은 발로 찾은 동해. 별자리를 그려 보내던 친구였지. 급행열차처럼 스쳐 간 꿈이여.

내가 건너온 행성이여.

자귀나무

나는 오늘 너를 노래한다. 남은 봄을 쫓느라 개 짖는 소리 왁자하다. 개울이 난타 공연을 하고 너는 세상을 휘감도록 손가락으로 등을 내건다. 층층이 걸어둔 여린 심방에 햇살이 파고든다. 어디선가 타는 냄새 날아오고 하나, 둘 붉은 등이 켜진다. 너의 몸과 마음은 투명하다. 너는 열섬에 표류 중, 나는 널 닮은 사람들과 함께 여름 속으로 걸어간다.

배롱나무

꽃그늘 아래 어린 딸이 저녁을 차리네. 사금파리 그릇에 모래 밥을 담고, 타오르는 노을에 풀잎 데쳐 나물을 무치네. 붉은 해는 게으른 황소처럼 노을 속으로 사라지네. 보리타작 간 엄마는 오시지 않네. 까끌까끌한 얼굴 보이지 않네. 어머니는 도리깨를 돌리고 돌려서 보릿고개를 넘지요. 타작마당 옆 호박잎은 보릿대 덮어쓰고 더 까칠해졌네. 나는 목이 간질거려 헛기침이 나오는데. 엄마는 오시지 않네. 까매진 엄마 얼굴 보이지 않네.

내 눈가엔 배롱나무 붉은 꽃잎이 뚝, 뚝 떨어지고

이명

꿈인가
잠결에 휘파람새 운다

산을 오르면 새소리
들린다
자꾸 들린다

환청인가
왼쪽 귀를 파본다
휘파람 소리 따라 나온다

이름 모를 새소리, 벌레 소리, 달리는 바람 소리
나는 한밤중에 자연의 소리를 허밍 한다
뜬금없이
확성기 소리 들린다

깜짝이야!

궤변과 욕설이 뒤섞여 나온다
붉은 독설 찌꺼기 떨어지고
누군가 두들겼던 못 자국 딱지가 따라 나왔다

한밤중 이명에
나는 벌받는 아이가 된다

엄마 가슴에 못질을 해대던 기억
나는 양쪽 귀를 감싸 쥐었다
한밤중 귀를 닦다가

빗살무늬 꽃

하루에도 몇 번씩 칼춤을 춘다
나의 등에
피비린내 어른거린다

퍼덕거리는 삶의 단말마
나는 등을 내밀어 아픔을 받아낸다
절절 아우성이 빗금을 긋는다

웃통을 벗은 인부의 등에
빗살무늬 붉은 꽃들이 피어 있다
무게가 피운 꽃송이에 단단한
사랑이 맺혀 있다
정녕
그의 가계에 하얀 웃음꽃이 피어났을까

수많은 칼자국이 사선을 긋는다
칼날을 받아낸 무수한 빗금들

등을 내놓는 일이 나의 삶이다

빗금을 따라 통점이 흘러나요
나를 말린다
짠 핏물이 햇살을 따라 걸어 나온다

색색의 아픔이 빗살무늬 꽃으로
금을 긋는다

나를 자르다

나는 가끔 영혼의 조각을 잘라낸다. 오랜 견딤이 통증을 뚫고 머리를 내밀 때, 녹슨 기억을 잘라내는 일은 영혼의 묵은 때를 밀어내는 카타르시스. 단잠에 빠졌을 때 슬쩍 세상과 씨름하는 동안 한판, 딱딱한 기억들이 나를 뚫고 나온다. 지친 하루가 눈치채지 못하는 동안 통증이 가시로 돋아 악몽을 꾸는 밤 발가락 사이에서 덩어리로 뭉친다. 굳은 통증이 붉게 박혀 있는 발, 가만 들여다본다. 파란을 걸어온 내 행로의 아픈 가락들. 나는 가끔 발톱을 잘라내듯 주저 없이 나의 아픈 기억을 자르고 싶다.

폐지

생의 이삭을 줍는
노인의 하루가 서서히 구른다

개꿈

결핍의 저녁이다.

복권방 앞에 서 있는 사람들 한방을 건 감정은 매번 부푼다. 떠다니는 행운을 잡으러 속고 속으면서 희망의 덫을 놓는다. 숫자에 희망을 거는 설레는 게임이다. 전생의 업이 거울 속을 빠져나와 행운의 번호가 될까.

그들은 고급 소파에 기댈 꿈을 위하여, 반복되는 한도 초과를 알리는 경고음을 벗어나려 서성이기도 한다. 긴 꼬리 보인다. 꼬리를 잡고 나도 섰다. 내 그림자 밟고 개꿈을 꾼 사람들이 희망을 잡으려고 줄을 선다. 파지처럼 뒹구는 체납고지서가 바닥을 딛고 이륙하고

그들은
한순간에, 숫자의 마법을 타고 마천루를 오를 수 있을까.

열섬

아파트의 그림자를 베고
느리게 걸어가는 달팽이

긴 몸을 천천히, 궁리하는 자세로 줄지어 나온다

약속이라도,
시위라도 하는 듯

퇴적된 시간이 묻힌 그들의 땅
불청객들은
예고도 없이 레고를 조립하듯 빌딩을 올렸다

시멘트 가루가 입김을 만든다
안개처럼 떠다니는 도시
달팽이가 기다리던 숲은 찾기 힘들다

머리를 숙이고 걷는 자세는
반성일까

사색일까

발자국 사이로 아슬하게 기어간다
바닥보다 더 낮은 곳으로

그들이 가는 곳은 어디일까
나는
아찔해진다

2부

분기점

나는 얼굴이 없습니다

목적지를 단단히 입력해 주셔요

자!
달리고 달립니다
어판장 건물이 보이고 갈매기 떼 모여들었다
빈 하늘에 흩뿌려집니다

졸음 쉼터가 보이네요
안심하셔요 나는 졸지 않습니다

분기점이 문어발처럼 갈라져도
나는 웬만해선 헷갈리지 않습니다
당신이 믿어만 주신다면

당신이 지나온 길 어땠나요
갈래 길 앞에 서서 헤매진 않았나요

나는 발자국이 없습니다

삐—
경고문이 울립니다
너의 동선은 기록된다
너의 과오는 지워지지 않는다

나는 얼굴이 없습니다

예쁜 목소리가 있죠
당신의 경유지와 목적지는 기록됩니다

생각

서로가 서로에게 기대고 서 있는 생각들

묵혀둔 방에서
몇십 년 정물이 되어있는 책장
붙박이가 되어 섰다.

무심히 한 문장을 호명하니 비로소 책이 된다. 겨자색으로 변색 된 소설책 숨어 있는 단풍 책갈피를 따라, 낙엽이 되어 바스러지는 젊은 날의 설렘도 지워진다. 비련의 주인공이 되어 무대를 채우던 시간도 강물 되어 흘러갔다. 밑줄 친 좌우명과 삶의 행간은 이젠 잊혀 간다. 방치된 책처럼

진리라 믿었던 한 구절 지표와 미려했던 젊은 날.

생의 기록들이 고요히 멈춰 섰다.
먼지가 된 시간을 머리에 이고

디저트

붉은 지구가 빨간 띠로 풀린다

과도가 가는 길엔
하얀 빛줄기 유성이 되어 곡선을 긋는다

반경을 튀어 나가려는 지구
빙글빙글 돌린다

꽃 진 자리에
이 깜찍한 열매가 자라기까지
따가운 빛이 들어와 붉은 우주로 자란다
어린 순은 씨방을 키우고 속살을 찌운다
주먹을 휘두르는 폭풍우
꿍꿍 밀어내며 둥글어진다

사는 게
여름밤 은하를 건너듯 황홀한 건만은 아니지
헛디딘 발이

유성처럼 포물선을 그리며 떨어진다
떨어지는 순간에도 바닥을 차고 일어서야 한다

와삭, 사과의 단단한 속살을 깨문다
소박한 디저트

둥글게 모여 앉는 우리의 시간
지구본을 탐구하듯
빙그르르 사과를 돌린다

별 하나

기지개를 켜면 잡힐 것 같은
별을 바라보네

남자는 금성이라고 말하고
여자는 개밥바라기별이라 부르네
그들은 사랑을 믿었네
땅거미는 성곽의 경계를 지우고
연인들은 발맞추어 어둠을 지나가네

들리지 않는 언어로
종달새가 되어 수다를 나눈다네.
발음은 달라도
즐거운 음률로 사랑을 두드리네
박물관 옆 벤치에 앉아
그들은 별을 끌어당기네

네온 등이 어둠을 간질이고
그들은 어둠을 타고 올라

가슴속에 담아둘
별 하나 찾고 있네

어느 로맨티스트가
외치는 소리 들리는 듯하네
그들은 사랑을 믿었네

각티슈

어둠이 포개진 방은 멜라토닌이 뿜어 나오기 좋지
사랑과 이별은 티슈 한 장처럼 가볍지 눈물을 닦는
다 흔들리며 구겨지는 하얀 깃털들

라일락 의자

언덕의 라일락은
아무런 거부 없이 봄의 의자가 되어준다
라일락을 마주친 사람들
숨을 멈추고
꽃잎에 입을 맞추듯 들여다본다.
오래 헤어졌다 만난 연인처럼

겨울을 건너온 사람들 발은
낙타의 발바닥이다
고비 사막을 가로질러 온
모래바람을 가르고 걸어온
낙타의 발을
꽃잎이 스르륵 날아와 감싸준다

사람들은
라일락 꽃핀을 가슴에 달고
봄 한가운데를 걸어간다

꽃향기를 따라

나의 언덕을 찾으려

설조

허공을 뛰어내린다

나는 혼자였지만 백색 무리가 된 우리 먼지를 걸으며 휘 날아간다 소란한 세상 소리 없이 감싸는 아스피린이 되고 싶었는데, 더 거칠어지는 하얀 깃털들 여행자의 여정을 점령한다 화이트 아웃에 전복된 자동차들 찌그러진 통점이 우리를 밟고 지나간다

폭설이란 뉴스는 못 들은 척

우듬지마다 푹신하게 쌓이는 상상, 눈송이들 날개가 돋는다 육각형에 박힌 가시가 날개로 자라난다 푸른 나뭇가지에서 우리는 길쭉한 목을 그리고 하얀 새가 된다

사랑을 찾아 날아오르자
세상이 아프지 않게
눈물이 녹아 눈물이 되기 전에

슬픈 각도

하늘은 몇 날 며칠 붉은 비를 뿌린다

회오리 속으로
파도의 각을 움켜쥐는 사람들
남은 손가락으로
마지막 메시지를 두드린다

검은 바다는 선미를 거머쥐고
놓지 않는다
객선은 하현달의 각도로 스러지고
해안선 비탈에 선
어린 동백 모가지가 툭, 툭
나뒹굴기 시작했다

항구의 모퉁이에 앉은
그는
걸린 덩이를 뱉지 못해 꾸역거린다
차오르는 불을 식히려 연신,

오열을 토해내고 있다

심장을 헤집고 나온
그의
피톨들이 바다로 침몰 중이다

눈물방울

너의 눈을 바라본다
부어오른 눈물샘 꼭지를 따고
껍질을 벗긴다

나를 생각하다
나를 찢으며 딱딱한 마음을 긁어본다

너는 어둠 속에서 겹겹의 아픔을 껴입는다
언 발에 된바람이 날을 세울 때
아린 눈물 한 겹, 한 겹 굴리며 몸을 입는다
소금 색 눈물이
삐죽, 새어 나와 금기를 깨뜨릴 때도 있었다

통증을 문지르며 울음을 참았던 사람들
언젠가
솟구치던 호리병의 곡주처럼 폭발의 순간이 온다
눈물방울이 터져 나온다

나는 울고 싶을 때
눈물의 나이테가 겹친 양파를 벗긴다

깊숙한 곳
아픔의 결절을 꺼내어 본다

온천

함성을 지르며 부딪치는 입자들

머릿속 떠다니는 통증을 밀어낸다

아픔을 숨기고 살아가는 사람
박제된 이끼들이
화살을 맞고 포말이 되어 빠져나간다

쓸려가는 구릿한 잡념들이
내리꽂히는 게 숙명인 스파

빠르고 왁자하고 나를 다독인다

심장 속으로 빨려 들어가는
나만의 카타르시스
촘촘하게 혈관을 파고든다

내리꽂히는 입자들이

숨겨 둔 아픔까지 닦아 내린다

나의 욕실엔
묵은 두통을 씻어 내리는
샤워기가 기다린다

아지랑이

낙과들이 낙오자처럼 뒹굴고 있다 보듬던 열매를 놓쳐버리고 열병 앓던 아기를 놓친 어미처럼 늘어졌다 부러진 가지가 피멍 든 마음 받들고 안고 있다 나는 내가 무거워 가족 앞에 드러누운 적 있었다 태풍 앞에 서면 젖은 바닥을 뒹굴어야 가벼워진다 스며드는 링거가 나를 붙잡아 줄 때가 있다

아단소니*

햇살 통로를 만드는 사람들

뜨거운 줄기를 잡느라 머릿속은 캄캄한 우물이다
두레박을 넣어 물을 퍼 올리니
빛의 손이 담겨 있었다

어둠 속
웅크린 것들에게
구멍을 내어 손끝으로 빛을 전한다

밤이면
달을 찢어 빛의 줄기를 채집한다
손 우물에 모아 둔 엽록체를
쏜다
어둠의 껍질을 긁고 있는 순筍에게
빌딩에 가린 낮은 지붕 위에
쏘아 보낸다

손가락 끝에 빛 방울이 반짝거린다
통로를 뚫어 어린것들 머리에 손을 얹는다
손짓 따라 새순이 돋아나고

이끼 낀 지하방에 햇빛을 밀어 넣는 사람들

나는
화초를 닦으며 얼굴이 붉어진다

*반려 식물

허공 도시

잘 오르는
비법을 찾을 수 있을까
허공을 걸으며 오르는 빌딩
꼭짓점을 찾는 길이 고독하여 아슬하다

공중누각에 선 사람들
바람에 몰려 구름 떼가 된다

내려다본 도시는
고요에 납작 엎드렸다
한 칸 상자 안에 몸을 담은 사람들

상자를 넓히는 건 희망 지수를 높이는 일
절벽을 오르듯 아찔하게,
온몸을 던지며 살아가는 일

꼭짓점을 오르는 스카이빌딩
쭉 쭉 허공을 뚫고 솟는다

온 힘을 쏟아내는 도시, 통점을 잊는다

허공에 뜬 사람들은
구름처럼 몰려다니는 걸 좋아하지
층층이 흔들리며

잠시
떠나온 욕망의 도시를 잊은 채

만월

그는 뜬금없이 죽은 자와 함께 차를 마시자고 한다
카페 안을 빙빙 돌아다니는 죽은 친구가 보인다는
몽환적인

삶과 죽음이 사랑을 나누는 카페

사람들은 구겨진 종이처럼 쓸모없고 어지러울 때
바람 빠진 영혼을 끌고 눈물이 흐르는 강으로 걸어
가지 강물은 둑을 차올라 앞은 더욱 캄캄하지

그는 밤안개와 몸을 섞고
물에 잠긴 손을 로봇처럼 천천히 올려 눈을 비볐지

만월이 둥실 떠 있네

집으로 오는 길 만삭의 달은 그와 동행하네 어린 딸의 손을 잡고 조곤조곤 걷는 아버지처럼, 앞을 밝혀주는 달

달려 봐요 달과 함께

파도

7번 출구에서 그녀를 기다린다

그녀는 보이지 않고 더미더미 파도가 쏟아져 나온다 바닥에서 누군가 파도 한 무더기씩 떠밀어 올리고 있다 지하도 속 사람들은 뛰고 달린다 뜨끔거리는 관절을 달래던 그녀는 솟구치는 너울에 허우적거린다 다시 솟아오르는 쓰나미를 휘젓고 나와야 한다

침몰하는 것은 포기한다는 것

지느러미 세차게 흔들어 고래 잡는 꿈에 잠을 설치기도 하였다 젖은 모래톱에 선 나는 밀려오는 파도에 넋을 빼고 섰다 그녀를 잊은 채

성자들

1
그녀는
뜨거운 김, 깊은 무쇠솥에 몸을 묻는다

문밖에 때 묻은 바가지를 든 사람
밥솥에 머무는 눈빛
어머니는
바가지에 한 주걱 밥을 퍼준다

연신 머리를 수그리는 자를 본 적 있다

2
기차처럼 길어지는 줄
지하철을 타고
버스를 타고 온
허기진 사람들의 표정은 무채색이다
한 겹 두 겹 포개어져 서 있는 자들에게

구원을 떠주는 사람들 있다

3
한 끼를 찾아 헤매는 자들의 감정은
사금파리처럼 예리하고
한 주걱이
그들에게 마지막 식사가 되기도 한다

주걱을 들고 밥을 퍼주는 사람들의
마음속엔
어머니가 숨어 있다

3부

포구

목선은
어부에게 몸을 맡기고 누웠다

여우비 뿌리는 포구
새들이 목선을 밀고 날아든다

질주

건널목에서 멈춘다

건너편 고라니 나와 눈이 마주친다 숲에서 숲으로 가는 고라니 먼 숲을 바라보며 서성거린다 둥근 것은 구르기를 좋아한다 내 동공이 빠르게 구른다 매정한 바퀴들이 돌진하는 시간 소음과 소음 속엔, 낭만과 아량은 없다 검증하지 못한 사연들이 갇히기도 하는 실선 밖, 동공이 구른다 멈추지 못한 속도와 멈추지 못한 생, 부딪힌 속도는 하얀 선과 선 사이에 매몰된다 실선을 지킨 나의 동공이 흔들린다 달리던 꿈이 건널목을 줌인한다 앞만 보고 달리던 삶 고라니의 마지막 모습을 응시한다

바퀴의 마지막 건널목은 어디에 있을까

황소

우리는 오른다.

꿈틀거리는 붉은 목덜미를 향하여 꼭짓점을 향하는 자들은 많은 준비를 하지. 자! 미끄럼 방지 장갑을 끼고 갈퀴 진 그의 발등을 더듬어야 해. 퀴퀴한 냄새가 박힌 그의 발

저쪽 별에서 여기까지 걸어온 고난이 묵은 때가 되어 숨어 있었네. 정강이를 딛고 올라서는 사람들, 떨리는 관절의 자세를 잡기도 전에 그의 발길질에 낙화가 된 자도 있었다고 하네. 사타구니에서 흘러내린 비린 냄새를 맡기도 하지. 아마 우리가 세상에 태어나기 전부터 맡은 냄새였는지도 몰라. 삐죽삐죽한 옆구리를 오를 때는 상처가 나지 않도록 조심해야 해. 절벽의 능선을 넘어서면 찰나의 현기증조차 용납하지 않는 좁은 등에 올라서야 해.

주상절리의 매혹

백허그를 하다 번지점프를 하는 빠삐용이 될 수도 있어. 우리는 쇼트트랙 선수가 되기도 해. 얼음판을 내 달리는 선수들처럼 힘껏 엉덩이를 떠밀어 동지애를 확인하기도 한다네. 드디어 올라선 황소의 등에서 붉은 목을 보았네. 거친 숨소리가 나를 흔들고 있었네.

오르는 일이
오체투지로 엎드려야 오를 수 있다는 걸

그것이
세상 속으로 저벅저벅 들어서는 일이라는 걸

여행

작은 새를 그리면
가슴 깃 사이로 너의 얼굴이 보인다

손가락이 세계를 걷는다
터치,
당기고 밀고 올리고 내리고

침묵은 불통일까 수행일까

이야기방은 말없이 대화하는 도시
엄지 검지가 수다를 떨다가
넋두리,
엄지의 호통에 검지가 놀라 나가 버린다

튜브를 밀어서 뚜껑을 여는 나라가 있다
한번 터치에 응답하는 창 속의 사람들
마누카를 따라 튜브 속으로 깊이 빨려 들어간다

진실의 보자기는 튜버들의 가면
어느 나라든 사기꾼은 존재하지요

너의 늪에서 울부짖는 휴대전화

안과입니다
예약 시간이 충혈되어 있었다

경계를 모르는 새처럼 나는 멈출 수 없는 여행자

길

혼자 떠나는 길 외로웠지만 가슴이 뛰었다 동해의 소금기에 머리카락은 칼이 되었다 항구의 모서리에 짐을 풀었다 처음 만난 친절한 친구는 내 가방 밑의 비상금을 탐했다는 것을 나중에 알았다 칼을 머리에 이고도 도둑을 잡지 못했다 망망한 눈동자 속으로 수평선이 생겨났다 발바닥을 할퀴는 파도 그리고 울컥, 소스라친 나의 청춘은 비상구에 닿아 있었다

황사

오늘의 날씨는
봄비를 입에 물고 있음
조약돌이 된 새들이 허공에 뿌려져
숲으로 쏟아진다

앞이 보이지 않는 취준생

흐린 허공에 숨은 꿈을 뒤지듯,
팔을 휘저으며 걷는다

는개도 안개도 아닌 스모그가
그의 머리 위로,
그의 잿빛 코트 속으로 스며든다

털어도 때려도 떨어지지 않는
황사의 계절
꿈은 황사를 뚫는다

시

꽃을 피우고 싶었다. 언어의 꽃에 수시로 물을 뿌렸다. 향기가 피어나는 방에 우리는 앵무새도 키운다. 머물고 싶었지만, 마음은 외로워져 간다. 시집의 모퉁이를 접고, 무거운 가방을 자주 내려놓는다. 시시하다고 말했다. 앵무새도 시시하다고 말했다. 열정이 시들고 있다고 말하지 못했다. 누군가 절필을 선언했다. 나도 동조 했다. 시, 시 하니까 캄캄하니까 딴방으로 갈까. 나는 눈을 감고 거울을 보았다. 아직도 나는 언어의 방을 나가지 못하고 앉아 있었다.

습지

둥근 눈동자를 본다.
물의 파문

소리 없이 연출되는 파문을 바라보는 일, 스쳐 가는 행간의 사유들 습지 둘레를 달팽이 순례한다. 마냥 지켜보던 눈부신 생의 한 토막이 흐른다.

마른다는 건 퇴화하는 것
서서히 스러지는 것

그녀의 습지가 마르다가 채색되다가 이파리처럼 거들거린다.

사막의 한가운데
미아가 되어버린 안구
오아시스는 보이지 않는다.

오래 응시하던 낡은 습지엔 마른 안개가 기어오른다. 흐르지 못한 눈물, 빽빽한 눈동자로 나를 바라본다. 펑펑 쏟고 싶은 눈물

다람쥐

뜻 모를 돌을 맞고
뜻 모를 돌을 던져본다
토라져 실어증 환자가 되기도 한다

새끼를 키우느라 꾸부정해진 등허리
통증은 아쟁이 되어 슬픈 음악으로 흐른다
눈보라가 솔가지를 부러뜨리는 날
거리에 나가 알밤을 찾아 헤맨다
기억은 발가락 사이로 빠져나가 버리고
빈손으로 돌아오는 길
지나던 스님의 법어가 어려워 힐긋
옆을 보니
풍차는 바람에 저 혼자 돌고 있었다

다람쥐가 사는 법을 생각한다
걱정 없이 뛰어다닌다
재빠르게 나무 위로 오른다
숲으로 달려가다 힐긋

다람쥐는 무심으로 산다는데

마음 귀퉁이에
무아의 다람쥐 한 마리 키운다

무더위

하늘로 기어오르던 바람이 주저앉는다. 내리꽂히는 땡볕이 자리를 깔고 고지를 점령한다. 솔숲에 머리를 박으며 숨을 고르는 산새들, 대지를 튀어 오르는 열꽃의 방점엔 화약 냄새가 터져 나온다. 땡볕이 밭매는 아낙의 등을 쓰다듬는 일은 어불성설. 그녀는 개망초 꽃모자, 머리에 쓰면 그만이다. 그대로 등신불이 되어도 좋을 그녀의 자세. 무성해진 번뇌를 한 움큼씩 뽑아내며 삼매에 든다. 그녀의 수행이 복더위를 밀어낸다. 꼭대기에 오르고 싶던 나는, 숨이 차오르던 나는 오르는 것만이 사는 이유가 될 때가 있었다. 더위의 높이를 재단하던 햇살이 자를 놓치자, 솔숲으로 달아나는 산 꿩의 비명에 여름이 자지러진다.

이미지

바람이 바다를 들어 올린다

비행기 따라 이륙하는 갈매기 떼
놀란 햇빛이 물 스케이트를 타다 사라진다

포구 수면 위로 봄이 반짝거린다

산허리를 붙잡고 봄을 끌어안는 사람들
고기잡이보다 산나물을 캐어
아들 등록금 댔다는 그녀
산을 더듬는 몸이 말린 나물처럼 부스럭거린다

이마에
파란을 밀고 온 그녀
아직은 지느러미를 퍼덕거리며 살아간다

낮은 산자락을 더듬어 나물을 캔다
낮은 수심을 흔들어 물고기를 캔다

어머니 등을 닮은 산자락에 초록이 짙어간다

꽃밥

자갈길 먼지는 안개처럼 날아다녔다

희뿌연 안개는
아이의 얼굴에 마른버짐으로 피었다

길가엔 꽃들이 고봉밥이다
허기지는 5월이었다

헛헛한 아이는 하늘을 본다
엉키는 실금들이 눈앞에 기어다닌다

나는 꽃이 되고 싶어
반짝이는 꽃잎을 씹어 먹었다
아까시나무보다
더 단단하게 자랄 거야

치렁거리는 꽃밥은
먹어도 먹어도 배가 고팠다

야윈 가슴께로 날리는 먼지
비문증에 깜빡이는 아이의 붉은 눈에
눈물이 흐른다

아까시꽃 피면 허연 버짐도 피어나던 봄
숨 막히는 향기에 누렁소도 빙글빙글

먼지 나는 자갈길
두통을 앓던 계절이었다

헌 옷

버린다는 말에는 먼 곳의 그림자가 보인다

떠나가는 것들은
깊숙이 슬픔을 포갠다 눈을 감은 채

감정을 비비던 우리 관계는
아침이면 더 다정해지지, 밀고 당기고 껴안으며

헤어질 이유를 생각한다

구겨진 목주름에 헐렁거리는 시간, 아니면 흘러간
무늬
노을빛에 휘날리는 코트 자락의 감정
꿈을 다림질하고 있다

꼭꼭 여미던 단추를 풀고
삶의 모서리에 앉으면 구구한 변명들이 술렁거린다

털어내지 못한 우유부단은 버리기로 한다
추억 같은 거, 이젠 놓아주기로 한다
폐지를 던져 버리듯

나는
헌 옷 수거함 앞에 서서
먼 곳을 바라본다

친구

다기를 만지는 손
힘줄이 구겨진 유년의 친구

검은 눈동자, 까만 머릿결
눈부신 시절 지나 여기까지 왔네

연두색 새 부리를 훑던 친구
긁히고 삭히며 향기 머금고 살았구나
첫물차 뜨겁게 덖어
부르는 친구

봄의 마술에 터지던
새하얀 꽃잎들, 나비가 되네
천리 날아갔던 청춘의 시간이
휘돌아, 머리 위에 은빛 향기로
피어나네

은발의 시간이 왔네

염낭거미

낡은 유모차
기역 자를 붙잡고 굴러간다
둥글게 벌어진 가랑이가 따라간다
오일장 가는 길

기역 자도 모르면서 기역 자가 된 할머니
속속 파 먹히고,
염낭거미 되었다
껍데기만 남아 구부려졌다

잔챙이 물고기 받아 빨간 대야 몇 개
퉁퉁 불은 손이 아려와도
생선 다듬던 비린내가 좋았다

희망을 얽어매는 손이 끈적거린다

다섯 손가락 짝 펴 보인다
오백 원만 깎아 달라고,

비뚤어진 하회탈이 끄덕, 끄덕거린다
유모차에 고등어 싣고
두어 개 남은 뻐드렁니가 희끗희끗

시꺼먼 껍데기만 걸린 낡은 집으로
돌아가는 길
기역 자가 니은 자를 떠밀고 가는 길

숨이 차오른다

4부

떠나간다

나뭇잎 떨어지고
또 떨어지면
단풍의 감정으로
도토리묵 쑨다
정령치는
달궁의 허리 감아
운명을 지피네

지팡이

언제부턴가 목이 길어진다
하천을 더듬는 청둥오리

구부러진 등이 앞으로 쏠린다
움켜쥐던 근육들이 소문 없이 달아나고
고사목 같은 몸이 이리저리 흔들린다

불안은 느끼는 자만의 몫일까

바닥으로 내려앉는 몸이
하천을 빠져나가는 바람에 쓰러져 뒹군다

구부정하게 지팡이를 건네는 아내
손이 부들거린다
휘청거리며 일어서는 마른나무는
휘파람 소리를 낸다

오리는 서로 눈을 맞춘다

바람 발이 껄렁대는 겨울 천변을
넘어지고 일어서며 걷는 부부

구부러진 등이
긴 목을 빼고 흔들리며 걷는다
하천을 더듬는 청둥오리처럼

길 끝에서
흔들리는 길 끝에서

아들

붉은 해를 등진 내 모습은 한쪽으로 어깨가 쏠려 있다. 운동장을 돌고 싶다. 나는 말려드는 몸을 다시 펴고 싶다. 로봇처럼 가늘어진 내 팔이 안쓰러워 아들은 아령운동을 권한다. 빠져나가는 것은 소리를 내지 않는다. 노을이 깔리고야 해가 저무는 것을 알아챈다. 헐렁거리는 팔뚝을 만지며 아령을 든다. 하나둘 각도를 세워야 해. 아령체조를 하면 달려간 시간이 돌아올까. 숭숭 구멍 난 마음이 채워질까. 구령을 붙여 주는 아들이 살가워 몰래 눈시울을 적신다. 나는 점점 아이가 되어 간다.

미꾸라지

도랑을 훑어 나가던 찌그러진 소쿠리가
불쑥, 꼭두서니 밑으로
미끄러지는 것들을 건져 올리는 오빠

소쿠리에 붉은 노을 자락이 걸린다. 오빠의 미꾸라지 몰이, 나의 유쾌한 웃음소리 푸덕거린다. 투신 공양하는 미꾸라지, 미꾸라지를 쓰다듬는 우거지의 손이 뜨겁다. 무쇠솥 안 넉넉한 민물의 냄새, 초가의 구석구석을 메우고 지루한 여름날의 허기가 요동친다.

뚝배기 속 우거지는 멈춤 없이 끓어도 고향 냄새는 찾지 못한 채,

눈썹이 희어진
오빠랑 추어탕 먹는다

귀가

멈출 수 없는 것은 위험해

조각하늘 틈새로 우레가 빠져나온다

폭우는
강으로 들어가 괴물이 된다
강을 나온 괴물은 도시의 낮은 곳을 파고들었다 다시 떠오른다
흙탕물 위 음모의 부유물만 떠다니고
괴물은 보이지 않는다

그리운 사람을 소리쳐 부르는 그녀의 모습이 보였다 사라진다

흙탕물에 지워진 얼굴 위로 장맛비는 쏟아지고
라디오에선
호우주의보를 따라 음악이 흐느낀다

빗소리인지 울음소리인지 몽환의 순간이 흔들린다

슬픔만 차려진 저녁 식탁에
적막을 따라 들어온 그녀, 온 집안을 어루만지며
휘돈다

멈추지 못한 것에는
젖은 이야기가 숨어 있었다

어깨

바닥에 나뒹굴기도 했다
반도를 메고 눈을 뜬 채 잠을 잤던 그들

생의 태엽을 빠르게 돌리며 걷고 걸었다

수십 년 벼랑을 지고 주춤거리던 아버지
소금 짐을 진 당나귀였다
노동으로 구워낸 과자를 먹고 자란
나는
어깨에 붙은 고난의 부스러기를 털어낸다
중량을 견디지 못한 자국들이
그의 어깨 위에
검푸른 이끼가 되어 엎드려 있었다
늙은 성벽처럼

퇴근하는
남자들의 어깨 위로
예리한 초승달의 곡선이 등을 떠민다

흔들리는 뒷모습이 젖은 신문지처럼 너덜거린다

서로의 어깨에 손을 얹어 위로하는 남자들

구부리지 않고 버텨준 어깨여,
아직은 평평하게 걸어가야 해
어깨를 짝 펴고

고택 단상

시간의 이끼가
마당 가에 박혀 있다
역사의 자국들이 옆구리에
그림자를 드리우는 집

흰 두루마기에
갓을 쓰고 다니던
할아버지가 오시는지

솟을대문이 자꾸 삐걱거린다

점안

잔설을 딛고 선 매화나무에도
알레르기 앓는 그녀에게도
봄빛은 천수관음

보이지 않는 손으로
자비를 뿌려준다

모래바람 불어도
오만 꽃은 심지에 불을 지핀다
언 눈꺼풀 들어 창을 여니
그녀의 가려운 눈에선 홍매화가
피어난다

봄바람에 붉어진 그녀의 눈
버석거리는 눈꺼풀 열고 눈물을 뿌린다

부처가 되는 길은
겁의 길

하룻강아지
천 길 보리심을 찾아간다

염불도 없이
아침저녁 점안하는 그녀

축복
―준아

좁쌀만 한 우주 하나 마주한다

혼자 부푸는 몸
몰래 간직한 사랑, 하늘을 바라본다

소슬바람에도 몸을 움츠린다
마삭줄 꼭 잡은,
너의 발차기에 왼쪽 가슴 두근거렸다

너를 붙들고 수액을 따라 걷는다
몽환 속으로 접어든 길, 너의 얼굴이 보였다 사라진다
발끝이 아찔, 크레바스 속으로 빠지고
닫힌 문이 열린다
어미의 몸이 열린다

미로를 더듬느라 손이 붉은 아기여,
진통을 따라

닫힌 고리 문을 박차고 벌거숭이로 왔구나
꼭, 꼭 감긴 생의 태엽을 꼭 쥐고,

문밖은 너무 환해
웃고 싶지만, 울음을 터뜨려야 해

세상 속으로 찾아온 거룩한 너를
엄마의 눈 맞춤에 실눈을 찡긋거리는 너를

축복이라 부른다

너의 잠
—준아

작은 가슴 수런거리며 꿈길을 걸어갈까
봄 햇살이 수면을 걸어가듯 살랑,
사랑스럽게

간지럼 타는 동그라미 같다
호수 위로 뛰어내리는 봄비의 스텝
살랑

실눈 바르르, 다시 잠드는 너
개울가 버들잎 사이 소금쟁이처럼 아슬해
나는 네 가슴에 손을 얹는다

우주 끝
어느 호수에서 날아오신 천사여
소용돌이로 휘날려도 고요하던 눈보라의 행간
그 가운데 선 나를
쿵쿵거리게 하는 아기여

어느 겨울
창 너머로 숫눈을 바라보던 그때처럼
무디어진
내 가슴이 차오른다

샤우팅
―준아

절창이다
온몸을 흔들어야 나오는 소리다

매미가 이름을 외치는 몸짓처럼
세상을 향해 소리치는 아기

쾌활하고 깜찍하고 자지러지는 생명의 언어다
커튼을 열면 뛰어드는 빛처럼, 어지럽고 아찔해

울음이다가 웃음이 되고 한 생의 기록이 된다
낯선 공간을 스쳐 가는 눈빛은 어린 영혼의 알 수 없는 음역이다

울음을 잊은 나는
어머니의 주검 앞에서 가슴만 두드렸다

어디로 향하고 있을까
복제할 수 없는 아기의 샤우팅은

이제 삐걱거리는 관절을 가진
혈육은
너의 외침을 자꾸 따라 한다. 후렴구를 부르는 합창단처럼

공간을 밀고 당기는 너
너의 음파가 퍼져 나간다. 세상을 향해

끈
―준아

몰래 키워 온 꿈
조심조심 껴안고 온 그녀를 닮은 너
태를 떠나와 지구별로 찾아온 아기에게
그녀는 다시 끈을 잇는다

엄마가 차려 준 밥을 먹던 아이는
아이의 어미가 되어 이유식을 만든다
갖가지 양분을 채우고
모성을 더듬어 사랑을 반죽한다

새끼를 키우는 일
배우지 않아도 아는 세상의 어미들
보이지 않는 선을 연결하는 혈육이다

아기는 어미의 꽃, 어머니의 꿈이다

첫 숟갈에
발 박수를 치며 받아먹는 아기

눈이 반짝거린다
옹알이는 노래가 되고
하얗게 웃음 터지는 날이다

이유식을 떠먹이는
그녀의 손에 꿈이 스며든다

경계

잔기침이 몸부림친다. 풀어도 풀어도 풀리지 않는 매듭. 미로를 뒤척이는 메마른 입술이 그를 끌어당긴다. 자석처럼 중독이란 거부하기 어려운 것. 원 안팎으로 임의의 실선이 그어져 있다. 누군가 길게 뿜어내는 한숨이 하얀 포물선을 만들어 선 밖으로 날아간다. 늘 경계를 넘나드는 금연은 언제나 미지수 그들은 발바닥으로 슬쩍 보이지 않는 경계를 지우며 꿈을 피운다.

그녀는 고수다

주민들은
그녀를 스마일 아줌마라 부른다

그녀가 어린 혈육을 씻긴다
말랑거리는 사랑, 분내 톡 톡 두드리며

길게 누운 아파트 그림자가 개나리 봉고를 기다린다
팔목에 파스를 붙인 스마일 아줌마
그림자 가운데 서 있다
육아는 풀리지 않는 방정식
지끈거리는 감정은 냉동실에 넣어 둔다

손녀를 기다리는 일
그림자는 말아두고 입가에 웃음꽃을 피워야 해

그녀는 고수다
아래층 부부와 마주치면

손녀의 재재거리는 입을 가리며 웃음으로 사과한다

손녀를 기다리던 자리, 승합차가 정차한다
구부정한 등에 다리를 절룩이는 그녀
부축을 받으며 내려선다 미소를 머금고
그녀는 스마일 할머니가 되었다

자식을 키우고
손주들을 키워 낸 그녀

육아의 고수였다

산 37번지

마디마다 입김을 불어주는 봄
연두 잎새 틔울 수 없네
숨차게 달려온 사람이 머물던 숲이 쓰러진다
품이 사라진다

공룡인가 했지
대가리를 흔들며 숲을 거세하는 금속 기계들
산을 거꾸로 세웠다 다시 주저앉히네

그러니까
사피엔스는 쓰러져야 진화가 멈춘다는데
서서 멈추는 생을 본다
구호를 외치며 쓰러져간 사람들
선 채로 지혜를 멈추는 것, 스러지는 것은
어둠이 된다

산 37번지
숲이 사라지자

오래된 집들이 유적처럼 나타난다

사람들은 지우개 없이도
꽃을 지우고 잎을 지우고 수백 년 역사를 삭제한다
자연을 향유하다
자연을 파괴하는 호모사피엔스

그럼에도
봄의 색조는
아무도 따라 할 수 없네

꽃다발

음악은
슬픔으로 고여 침묵이 되었다가
막막한 병실에서 아리아로 흐른다

꽃다발을 받아 든 여자

순간, 화음으로 피어난다

■ □ 시집해설

이진주의 시세계

강희근 시인 (경상국립대학교 명예교수)

1. 철학적 언어

 이진주의 시는 현대시가 지니는 철학적 사유의 깊이가 있다. 그렇다고 지나치게 난해하거나 제 홀로 달아나거나 갔다가 돌아오는 언어는 아니다. 코드를 따라 읽으면 깊이가 있고 말맛이 나서 재미있다. 시「분기점」이 그런 시다.

　　나는 얼굴이 없습니다

　　목적지를 단단히 입력해 주셔요

자!
달리고 달립니다
어판장 건물이 보이고 갈매기떼 모여들었다
빈 하늘에 흩뿌려집니다

졸음 쉼터가 보이네요
안심하셔요 나는 졸지 않습니다

분기점이 문어발처럼 갈라져도
나는 웬만해선 헷갈리지 않습니다
당신이 믿어만 주신다면

당신이 지나온 길 어땠나요
갈래 길 앞에 서서 헤매진 않았나요

나는 발자국이 없습니다

삐 ―
경고문이 울립니다
너의 동선은 기록된다
너의 과오는 지워지지 않는다

나는 얼굴이 없습니다

예쁜 목소리가 있죠
당신의 경유지와 목적지는 기록됩니다

시 전문이다. 나는 얼굴이 없으므로 목적지가 분명히 입력되어야 실체를 확인할 수 있다는 것이다. 앞으로 달리는데 금새 어판장 건물이 보이는 바닷가에 이른다. 졸음 쉼터가 있고 분기점이 문어발처럼 갈라지지만 나는 헷갈리지 않는다. 당신은 어땠나요? 헤매진 않았나요? 나의 경우 발자국이 없어서 경고문이 울리지요. 그러나 너의 동선은 기록되고 너의 과오는 지워지지 않는다.

나는 여전히 얼굴이 없고 목소리가 있을 뿐이다. 시에서 나와 너는 서로 대척지점에 있지만 서로가 다르지 않고 애매하다는 점에서 일치하고 있다. 본문에서 "당신이 믿어만 주신다면"이라 하여 불신하고 있다는 점에서 비극이다. 인간은 갈래지는 분기점에서 동일하게 과오와 동선을 지니는 존재다. 그 사유가 철학적이다.

그 다음에 나오는 시 「나를 자르다」도 사유의 언어다.

> 나는 가끔 영혼의 조각을 잘라낸다. 오랜 견딤이 통증을 뚫고 머리를 내밀 때, 녹슨 기억을 잘라내는 일은 영혼의 묵은 때를 밀어내는 카타르시스.
>
> _「나를 자르다」에서

"영혼의 조각을 잘라낸다"나 "견딤이 통증을 뚫고 머리를 내밀 때"라는 동사적 상상이 사유다. 이진주는 확

실히 이전의 시에 비해 언어적 질감이 단단하고 오징어 다리 씹듯이 씹는 대로 진한 맛갈이 드러난다.

2. 사색, 눈물, 통점의 시

이진주의 시는 사색이 단단하다. 그것은 인생적 탐구에 이른다.

>　　하루에도 몇 번씩 칼춤을 춘다.
>　　나의 등에
>　　피비린내 어른거린다
>
>　　퍼덕거리는 삶의 단말마
>　　나는 등을 내밀어 아픔을 받아낸다
>　　절절 아우성이 빗금을 긋는다
>
>　　웃통을 벗은 인부의 등에
>　　빗살무늬 붉은 꽃들이 피어 있다
>　　무게가 피운 꽃송이에 단단한 사랑이 맺혀 있다
>　　정녕
>　　그의 가게에 하얀 웃음꽃이 피어났을까
>
>　　수많은 칼자국이 사선을 긋는다
>　　칼날을 받아낸 무수한 빗금들

등을 내놓는 일이 나의 삶이다

_「빗살무늬 꽃」

등을 내놓고 사는 인생은 급기야 피비린내 저며 나는 칼자국을 받아낸다. 그것은 무게가 피운 꽃송이이고 사랑이 맺혀 있다. 아울러 칼춤이 되고 사선이 되는 그림이기도 하다. 빗살무늬인 화폭이다. 인생적 탐구가 매우 독특하여 거기서 통점이 흘러나온다. 이 시인은 이 시를 진주검무에서 발상을 받은 것인지도 모른다. 춤은 동작이고 제향적 별제(別祭)를 이끌어낸다.

시인은 빗살무늬에서 눈물샘으로 전이하여 자아의 껍질을 벗기기도 한다. 시 「눈물방울」이 그러하다.

나는 울고 싶을 때
눈물의 나이테가 겹친 양파를 벗긴다.

깊숙한 곳
아픔의 결절을 꺼내어 본다

_「눈물방울」

비정상으로 커진 덩어리에서 아픔을 확인하는 것이다.

3. 시의 본질, 아름다운 서정

이진주에게는 「고마리꽃」이나 「라일락 의자」 같은 아름다운 서정에 깊숙이 빠져든 경우가 있다. 한 번 들여다보자.

> 지붕 낮은 집들이 모여 있는 동네
> 달빛처럼 눈썹에 거미줄 달라붙고
> 알전구는 이유 없이 아슬아슬하다.

먼저 떠난 이를 위해 작은 창을 열어두고 잠든 집 있다. 무허가 주택엔 꿈도 휘어져 복원력이 필요한 듯 끊임없이 널빤지 소리 들린다. 그렇지만 아무도 희망을 뭉개지 못한다. 해가 뜨면 발꿈치를 살짝 들고 산을 오르는 사람들, 마천루보다 더 아름답다고 말한다. 쪽방에 살아도 누울 곳이 있어 행복하다고. 붉은 모자를 쓴 성자들이 낡은 평상에 모였다. 서로를 바라보는 이웃들, 멀리 어디선가 성당의 종소리 들려온다. 또 누군가 비좁은 골목을 벗겨내는가 보다.

> 제일 먼저 눈뜨는 이곳은
> 별을 닮은 사람들이 사는 동네
>
> 고마리꽃이 옹기종기 모여, 한 생을 건너가는 중이다.

_「고마리꽃」 전문

시는 지붕 낮은 집들이 모여 있는 동네, 전설 같이 다닥다닥 붙어 있는 마을 풍경이 풍경만으로 아름답다. 전라도 승주 언저리 '읍성(邑城)'을 지나가거나 성곽에서 내려다본다면 그 얼마나 아기자기할 것인가 상상해 볼 만하다. 먼저 떠난 이를 위해 창을 열어둔다거나 오래된 초가에 널빤지 소리내는 곳에서 작은 언덕 같은 산을 오른다고 치자. 그 자들은 다 성자처럼 보인다는 것이다. 길가 어느 집 평상을 끌어내놓고 느닷없이 성당 종소리 듣는다는 것은 좀 오버하는 것일 수 있다. 그러나 시는 이 동네를 "별을 닮은 사람들이 사는 동네"라 하여 "고마리 꽃이 옹기종기 모여 한 생을 건너가는 중"이라 하는 지적이 격에 어울린다. 알맞은 서정, 다감한 풍속, 아니면 한 작은 민속촌의 막걸리 한 사발에 정을 나누는 격이 격에 어울린다.

다음 서정을 보탠다.

"언덕의 라일락은
아무런 거부없이 봄의 의자가 되어준다
라일락을 마주친 사람들
숨을 멈추고
꽃잎에 입을 맞추듯 들여다본다 오래 헤어졌다 만난 연

인처럼"이나

"겨울을 건너온 사람들
발은 거칠어져 있었다 고비사막을 가로질러온 낙타의
발바닥이다
모래바람을 가르고 걸어온
낙타의 발을
꽃잎이 스르륵 날아와 감싸준다"

_「라일락 의자」

같은 식물 천연성 이미지가 시인에게 남아 있다는 점에 오히려 놀라운 일이다. 이것들은 시의 본질에 속하기 때문이다.

4. 디저트와 우주관념

요즘은 시인들이 우주관념에 연대해 있는 것이 매우 자연스럽다. 박우담의 '별사탕'이나 손국복의 '보이저 통신' 등에서 예사로이 접할 수 있기 때문이다.

나는 풀밭에 누워
시링크스를 생각하네

별똥별이
떨어지자

한 아이가 낙타를 타고
은하수를 건너가네

인용시는 박우담의 「초원의 별」이다. 상상이 천체 우주적이다. 이진주의 「디저트」를 들여다보자.

붉은 지구가 빨간 띠로 풀린다

과도가 가는 길엔
하얀 빛줄기 유성이 되어 곡선을 긋는다

반경을 튀어 나가려는 지구
빙글빙글 돌린다

꽃진 자리에
이 깜찍한 열매가 자라기까지
따가운 빛이 들어와 붉은 우주로 자란다
어린 순은 씨방을 키우고 속살을 찌운다
주먹을 휘두르는 폭풍우
꿍꿍 밀어내며 둥글어진다
사는 게
여름밤 은하를 건너듯 황홀한 것만은 아니지
헛디딘 발이

유성처럼 포물선을 그리며 떨어진다
떨어지는 순간에도 바닥을 치고 일어서야 한다

와삭, 사과의 단단한 속살을 깨문다
소박한 디저트

둥글게 모여 앉은 우리의 시간
지구본을 탐구하듯
빙그르르 사과를 돌린다

_「디저트」

 후식으로 먹을 사과를 깎는 모습이 떠오른다. 사과를 붉은 지구로, 깎아서 떨어지는 껍질이 유성으로, 따가운 빛이 붉은 우주로, 헛디딘 발이 유성의 포물선으로, 우리들 시간이 지구본 탐구로 이미지화 된다. 이렇게 후식으로 먹는 사과를 두고 천체 이미지로 올려놓는다. 이는 초원의 별을 대상으로 천체 이미지로 번져가는 상상을 보여주는 박우담 시인의 시상 전개와 다르지 않다.

5. '허공도시'와 문명비판

이진주의 시는 1930년대 김기림 등의 모더니즘에 접맥되고 진주의 동키호테(이경순 시인의 호 東騎에서 유래됨) 이경순의 아나키즘(무정부주의)에 부분적으로 겹쳐진다. 1930년대 모더니즘은 기상대, 기계문명 등에 대한 비판적 관점이 있었다. 그런데 이진주는 어떤가.

> 잘 오르는
> 비법을 찾을 수 있을까
> 허공을 걸으며 오르는 빌딩
> 꼭지점을 찾는 길이 고독하여 아슬하다
>
> 공중누각에 선 사람들
> 바람에 몰려 구름떼가 된다
>
> 내려다본 도시
> 허공이 뿌린 고요에 납작 엎드렸다
> 한 칸 상자 안에 몸을 담은 사람들
> 희망지수를 높이는 일은 상자를 넓히는 것
> 절벽을 오르듯 아찔하게 온몸을 던지며 살아간다
>
> 꼭지점을 오르는 스카이 빌딩
> 쭉 쭉 허공을 뚫고 솟는다
> 온 힘을 쏟아내는 도시, 통점을 잇는다

뜬 사람들은

구름처럼 몰려다니는 걸 좋아하지, 층층이 흔들리며

잠시

떠나온 욕망의 도시를 잊은 채

_「허공 도시」 전문

 이진주가 모더니즘에 연결되는 부분은 아스라이 높아지는 빌딩, 신역세권의 마천루와 그 감당할 수 없는 쭉쭉 뻗고 오르고 또 오르는 신공법과 능력 이상의 개발 의지 등에서 맞닥뜨리는 인간 꿈이 허공에 붙들려 있는 현실이 아닐까싶다.

 우리나라 시 중에서 이진주는 저 서울의 개발붐을 타고 초기 산업화의 도시공학의 허공이랄까, 그 무모함을 일찍이 김광섭의 「성북동 비둘기」에서 빼앗기는 공간 개념으로 깨닫기 시작했을 것이다. 그러나 현실은 그 공간이 저 멀리 서울 미개척지 강북이 아니고 서부경남의 미개발지 진주, 초전동이나 충무공동 언저리에서도 저 모래도시 두바이가 이룬 꿈 같은 높이와 지리산 두께의 아직은 둔탁한 빌딩의 키재기가 시작되었음을 조석으로 실감하고 있었을 듯싶다. 그것도 주부로서 실감하고 있었을 것이다.

 공중누각, 구름떼, 한 칸 상자, 희망지수, 온몸 던지기, 스카이 빌딩, 뚫고 솟는 층층 등이 과거 모더니즘의 언어로는 불감당 현실이다. 그러나 이진주 시인은 "떠나온 욕망의 도시를 잊은 채" 허공을 하공으로 바라보고 있다. 통점이 이제 생기다가 스스로의 환상에 걸려 통점이 마비된다는 것이 새로운 시인의 모더니즘이다.

그러나 그의 시에는 이미 기억에 사라지려 하는 「고마리꽃」이 가지는 여유로운 동네, 별을 닮은 사람들이 존재하고 있다.

6. 아직도 「슬픈 각도」가 슬픈

이번 작품은 시인이 접근한 시대 역사로 이어지는 상황 시다. 아직도 슬픈 각도로 기울어지고 있다.

> 하늘은 몇 날 며칠 붉은 피를 뿌린다
>
> 회오리 속으로
> 휘감아 오르는 파도의 각을 움켜쥐는 사람들
> 남은 손가락으로
> 마지막 메시지를 두드린다
> 검은 바다는 선미를 거머쥐고 놓지 않는다
> 객선은 하현달의 각도로 스러지고
> 해안선 비탈에 선

어린 동백 모가지가 툭 툭 나뒹굴기 시작했다

항구의 모퉁이에 앉은
그는
걸린 덩이를 뱉지 못해 꾸역거린다
차오르는 불을 식히러 연신, 오열을 토해내고 있다

살을 헤집고 나온
그의
피톨들이 바다로 침몰 중이다

_「슬픈 각도」 전문

 지나간 상황은 인터넷에서 다음과 같이 요약한다.
 "2014년 4월 16일 안산 단원고 학생 325명을 포함해 476명의 승객을 태우고 인천을 출발해 제주도로 향하던 세월호가 전남 진도군 앞바다에서 침몰, 304명이 사망한 사건. 구조를 위해 해경이 도착했을 때 '가만히 있어라'고 방송을 했던 선원들이 승객들을 버리고 가장 먼저 탈출했다. 배가 침몰한 이후 구조자는 단 1명도 없었다."
 (다음네트 백과「세월호 참사」참조)
 이 부분을 더 읽어내기가 힘들다. 국민들은 그 순간 시시각각 현장을 뉴스로 접하고 있었기 때문이다.
 인용 시는 현장의 상황을 거의 그대로 이미지화했지만

마지막 두 개의 연은 이를 지켜보는 사람들 중에서 '항구의 모퉁이'에서 자리 잡고 앉아 오열하고 따라서 침몰한다는 가상의 인물 '그'(국민)를 설정하고 이미지화 했다는 점이 작품 구도이다. 제목의 '슬픈 각도'가 정직한 각도이고 슬픔을 환기하는 각도이다. 읽고 또 읽으면 당시의 현장이 거듭 거듭 실황으로 가슴에 새겨진다. 잘 쓴 시임이 분명하다. 이 한 편은 역사이고 시대고이고 울분이요 서러운 민족임을 자인케 해준다.

이진주 시인. 그는 이 한 권의 시집으로 노력과 자기 목소리 다듬기와 시인됨의 의무를 다하고자 한 것이 아닐까 싶다. 누구든지 조용한 시간, 라일락 핀 언덕에서 이 시집을 꺼내 읽어보는 기회를 가졌으면 좋겠다.